essentials

Springer Essentials sind innovative Bücher, die das Wissen von Springer DE in kompaktester Form anhand kleiner, komprimierter Wissensbausteine zur Darstellung bringen. Damit sind sie besonders für die Nutzung auf modernen Tablet-PCs und eBook-Readern geeignet. In der Reihe erscheinen sowohl Originalarbeiten wie auch aktualisierte und hinsichtlich der Textmenge genauestens konzentrierte Bearbeitungen von Texten, die in maßgeblichen, allerdings auch wesentlich umfangreicheren Werken des Springer Verlags an anderer Stelle erscheinen. Die Leser bekommen „self-contained knowledge" in destillierter Form: Die Essenz dessen, worauf es als „State-of-the-Art" in der Praxis und/oder aktueller Fachdiskussion ankommt.

Thomas Gesterkamp

Jenseits von Feminismus und Antifeminismus

Plädoyer für eine eigenständige Männerpolitik

 Springer VS

Thomas Gesterkamp
Köln
Deutschland

ISSN 2197-6708   ISSN 2197-6716 (electronic)
ISBN 978-3-658-04362-9   ISBN 978-3-658-04363-6 (eBook)
DOI 10.1007/978-3-658-04363-6

Die Deutsche Nationalbibliothek verzeichnet diese Publikation in der Deutschen Nationalbibliografie; detaillierte bibliografische Daten sind im Internet über http://dnb.d-nb.de abrufbar.

Springer VS
© Springer Fachmedien Wiesbaden 2014

Gedruckt auf säurefreiem und chlorfrei gebleichtem Papier

Springer VS ist eine Marke von Springer DE. Springer DE ist Teil der Fachverlagsgruppe Springer Science+Business Media
www.springer-vs.de

Vorwort

Seit mehreren Jahren bin ich Mitglied einer „Gendergruppe“: Vier Männer und vier Frauen aus unterschiedlichen Berufsfeldern (die zumindest indirekt etwas mit Geschlechterfragen zu tun haben) treffen sich regelmäßig. Wir diskutieren über „Gender“-Themen aus vielfältigen Blickwinkeln. Ausgangspunkt kann ein persönliches Erlebnis, eine interessante politische Entwicklung, ein Film oder ein Theaterstück, aber auch ein dringliches Anliegen aus dem eigenen Arbeitskontext sein. Das Grundprinzip dabei lautet Respekt – gerade dann, wenn es um die vielleicht irritierende Sichtweise eines andersgeschlechtlichen Gesprächspartners geht. Eine spannende Erfahrung: Missverständnisse oder kontroverse Debatten sind fast nie entlang einer klaren Grenze zwischen Männern und Frauen festzumachen.

Gemischtgeschlechtliche Diskussionszirkel, die gelassen miteinander über „Gender“-Fragen reden, die sich zuhören, die offen und anerkennend auf die Argumente und Erfahrungen ihres Gegenübers reagieren: Das ist keineswegs selbstverständlich. Denn vor allem die erste Phase nach dem Entstehen der neuen Frauenbewegung in den 1970er-Jahren war von weiblicher Abgrenzung gegenüber Männern begleitet. Freundlicher ausgedrückt: von weiblicher Abgrenzung gegenüber hegemonialer Männlichkeit.

Ich bin Ende 1957 geboren und gehöre damit nicht der 68er-, sondern, wenn man überhaupt in solchen Dekadensprüngen denken mag, eher der 78er-Generation an. Für die geschlechterpolitische Debatte sind diese zehn oder fünfzehn Jahre biografische Differenz zu den Protagonisten der Studentenbewegung ganz erheblich – und erst recht jene zwanzig, dreißig oder vierzig Jahre, die der Abstand zu den „68ern“ für später geborene Frauen und Männer ausmacht.

Der folgende, für dieses Buch überarbeitete Beitrag erschien zuerst 2012 in dem Sammelband „Männerpolitik – Was Jungen, Männer und Väter stark macht“, herausgegeben von Markus Theunert. Ich danke meinem Schweizer Mitstreiter für sein Einverständnis zu dieser Form der Aktualisierung – und dem Verlag Springer

VS für die Möglichkeit, meine Erfahrungen nunmehr in einer eigenständigen Ver-
öffentlichung an nachfolgende Generationen weiterzugeben.
   Kontakt:
   thomas.gesterkamp@t-online.de
   www.thomasgesterkamp.de

im Oktober 2013   Thomas Gesterkamp
Köln

Inhaltsverzeichnis

Männer nicht erwünscht

1

In welchem Umfeld war ich als junger Mann erstmals mit der Frauenbewegung konfrontiert? Politisch waren die späten 1970er-Jahre in (West-)Deutschland eine Zeit, in der die linken Kadergruppen – von den maoistischen Sekten bis zum Terror der „Roten Armee Fraktion" RAF – endgültig gescheitert waren. Die zarten Pflänzchen von Bürgerinitiativen und Alternativkultur, die dann 1980 zur Gründung der Grünen Partei führten, lugten gerade erst aus der Erde. Daneben, so habe ich es empfunden, dominierten Selbsterfahrung und Innerlichkeit – und eine manchmal radikale Abkapselung der Geschlechter.

Natürlich gab es Liebe und Freundschaft zwischen Männern und Frauen – die damals gerne so bezeichneten „Beziehungskisten", die per „Beziehungsdiskussion" den Geschlechterkampf im Privaten ausfochten – oder eben auch nicht. Im politischen Raum aber fehlten, abgesehen vielleicht von der Auseinandersetzung um den Abtreibungsparagraphen 218, Kooperationen und Geschlechterdialog. „Das erste und letzte Tabu waren Männer", schreibt die Feministin und Mitbegründerin der Frauenzeitschrift Courage, Sibylle Plogstedt, selbstkritisch in ihrem Rückblick auf die Geschichte der kollektiven „Frauenbetriebe" (2006, S. 104): „Die Apartheid, die der Männer-Gesellschaft gegen Frauen, versuchten Teile der neuen Frauenbewegung gegen die Männer zu lenken."

Die Folgen dieser Polarisierung spürten wir „Nach 68er"-Männer in unserem privaten Alltag mit Frauen. Eine Bekannte empfahl mir Verena Stefans „Häutungen" (1975), um mir die Unzulänglichkeiten der männlichen Sexualität vor Augen zu führen. Durchaus mit Interesse vertiefte ich mich in die Lektüre dieses damals äußerst erfolgreichen feministischen Entwicklungsromans. Doch spätestens mit dessen zweiter Hälfte, in der die Autorin jede Regung ihres Körpers, vor allem ihres Unterleibs, beobachtet und ihre Menstruation feiert („Ich habe meine Tage, sie gehören mir"), konnte ich wenig anfangen. Das Buch war die Initialzündung für den Rückzug ganzer Frauengruppen in Selbstuntersuchung und Selbstbezogenheit. Das

T. Gesterkamp, *Jenseits von Feminismus und Antifeminismus*, essentials,
DOI 10.1007/978-3-658-04363-6_1, © Springer Fachmedien Wiesbaden 2014

ist keine chauvinistische Männer-Diagnose, sondern eine Einschätzung, die von stärker politisch denkenden Feministinnen durchaus geteilt wurde.

Weniger rätselhaft, aber gegenüber Männern nicht minder distanzierend ging es im „Tod des Märchenprinzen" von Merian (1983) zu. Im Nachhinein behaupte ich (damals hat sich das kein Mann getraut, auch ich nicht), dass hier persönliche Beziehungsunfähigkeit politisch verbrämt wurde. Arne, der einstige Liebhaber der Autorin, mag seine Macho-Anteile gehabt haben. Sein größter Fehler aber war, seine Freundin zu verlassen, als er merkte, dass er sie nicht liebte. Daraufhin musste er ertragen, dass an seine Hauswand „Auch hier wohnt ein Frauenfeind" gesprüht wurde. Wohlgemerkt: Arne war keineswegs ein Vergewaltiger!

„Häutungen" wie „Märchenprinz", die damals Kultstatus genossen, sind keine besonders gute Literatur – vielleicht sollten sie es auch gar nicht sein. Und die in den Büchern ausgedrückte platte Männerfeindlichkeit wirkt heute befremdlich. Dass die männliche Gewalt angeblich schon beim Anschauen anfing, beim stets „taxierenden männlichen Blick" auf das weibliche Objekt der Begierde, irritierte mich und meine Freunde. Denn es machte Spaß, hübsche Frauen anzusehen und sie berühren zu wollen. Es war allerdings Vorsicht geboten und wenig ratsam, solche Gedanken oder Bedürfnisse gegenüber einer frauenbewegten Frau zuzugeben. Als „linker" Mann äußerte man sich zu dieser Zeit frauenpolitisch korrekt und handelte entsprechend.

In der ersten Hälfte der 1980er-Jahre arbeitete ich als Student bei einer Stadtzeitung mit. Unsere „autonome" Frauenredaktion musste in dieser Zeit einen harten Konflikt mit ihrer Kernzielgruppe austragen. In einer satirischen Zeichnung hatte eine Mitarbeiterin die „Regalwand einer Feministin" karikiert und dabei beispielsweise den Buchtitel der niederländischen Autorin Anja Meulenbelt „Die Scham ist vorbei" (1978) zu „Die Schau ist vorbei" verballhornt. Seitenlange Empörung in Leserbriefen und Kündigungen des Abonnements waren die Folge.

Die „Blätter von unten" hatten damals Sprachrohr diverser Bewegungen zu sein und nicht ihr kritischer Begleiter. Die taz als überregionale alternative Tageszeitung hatte ständig mit „Besatzern" ihrer Räume zu kämpfen. Nicht nur Feministinnen, auch Antifa-Gruppen, Friedensbewegte oder Häuserkämpfer glaubten, sie könnten den in ihrem politischen Umfeld entstandenen Publikationen Inhalte und Deutungen diktieren. Das war nicht nur autoritär gedacht, sondern vor allem humorfrei. Selbstironisch neben sich zu stehen war, abgesehen von gewissen Spontikreisen, nicht gerade eine Stärke linker Politzirkel. Das galt leider auch für die Diskussion der Geschlechterfrage – vielleicht für diese sogar in besonderem Maße.

Mit dem Feminismus war damals einfach nicht zu spaßen, nicht mal dann, wenn Frau unter sich blieb. Entfernung von der Mitte der Bewegung war in jedem Fall Verrat. Und gegenüber den Männern war es erst recht eine Zeit der Abgrenzung und der manchmal bis zur Lächerlichkeit aufgebauschten Konflikte; eine Zeit, in der Männer draußen bleiben mussten, zum Beispiel keinen Frauenbuchladen betreten durften und selbst Mütter mit älteren Söhnen im Einzelfall dort Probleme bekommen konnten. Ein damals viel zitiertes, heute kaum noch bekanntes Bonmot lautete: „Eine Frau ohne Mann ist wie ein Fisch ohne Fahrrad".

Diese Art von Humor war also erlaubt, und an diesem Punkt bin ich dann ganz humorlos: Der Spruch war und ist, mit Verlaub, fast so blöd wie die Bücher von Svende Merian. Man kann ihm zu Gute halten, dass seine massenhafte Verbreitung über dreißig Jahre her ist, dass erst kurz zuvor das deutsche Scheidungs- und Fami-

T. Gesterkamp, *Jenseits von Feminismus und Antifeminismus,* essentials,
DOI 10.1007/978-3-658-04363-6_2, © Springer Fachmedien Wiesbaden 2014

lienrecht reformiert und auf das heute selbstverständliche Niveau einer zumindest der Papierform nach gleichberechtigten Gesellschaft gebracht worden war. Erst 1977 war Schluss mit dem diskriminierenden Schuldprinzip nach einer Trennung; war Schluss damit, dass Frauen nur erwerbstätig sein durften, wenn sich das mit ihren „Pflichten in Ehe und Familie" vereinbaren ließ. Wohlwollend kann man also den „Fisch ohne Fahrrad" in diesem Sinne interpretieren: Eine Frau ist auch ohne Ehemann ein ganzer Mensch!

Aber der Satz beschreibt eben treffend auch ein gedankliches Grundmuster in jener Phase der Frauenbewegung: nämlich, die Geschlechterfrage als Gegensatz Frauen gegen Männer, als exklusives Thema „von und für Frauen" zu betrachten. Männer waren in diesem Kontext bestenfalls tolerierte Mitläufer – solange sie sich mit Kritik zurückhielten – aber selten akzeptierte Gesprächspartner, die an bestimmten Punkten eine produktive andere Perspektive hätten einbringen können. Folgerichtig waren Männer bei der Institutionalisierung von Frauenpolitik in den 1980er-Jahren, als in Behörden und anderen Institutionen die ersten Frauenbeauftragten ihr Amt übernahmen, auch keine Adressaten von Gleichstellungspolitik.

In den Bezeichnungen vieler Bundes- oder Landesministerien taucht seither, meist im Rahmen einer Aufzählung der Benachteiligten, das Wort „Frauen" auf. Das Wort „Männer" blieb stets unerwähnt. Auf Nachfragen (wenn diese nicht gleich auf völliges Unverständnis stießen) bekamen „Männerbewegte" im besten Fall zu hören, ihre Anliegen würden „mitgedacht". Das „herrschende" Geschlecht war im damaligen Gleichstellungskontext einfach nicht förderungswürdig. Männer galten in keiner Lebenslage als benachteiligt und erst recht nicht als „Opfer", die irgendeine Hilfe nötig gehabt hätten.

In dem „Fahrrad"-Bild ausgedrückt, das als erster der Psychologe Holger Brandes (2002, S. 256) verwendet hat: Von einem gemeinsamen Treten der Pedale im Sinne eines Geschlechterdialoges konnte noch keine Rede sein. Männer fuhren höchstens auf dem Gepäckträger mit. Und jede Radfahrerin weiß: Mit mehr Gewicht tritt es sich einfach schwerer. Da schien es leichter, auf den „Bremser Mann" gleich ganz zu verzichten. Später, als sich „Gender-Trainings" in Institutionen etablierten, wurde zwar das Ideal vom gemischtgeschlechtlichen „Tandem" beschworen. Ein eigenes Rad aber, in dem Männer(bewegte) selbst das Tempo bestimmen oder gar über (möglicherweise auch abweichende) Ziele entscheiden können, lag außerhalb der Diskussion.

Wir jüngeren Männer waren, so sehe ich es in der Rückschau, vor allem verunsichert. Wir hatten gelernt, uns aus den „Frauenthemen" besser herauszuhalten – auch wenn mit der Liedzeile der Sängerin Ina Deter „Ich sprüh's an jede Häuserwand, neue Männer braucht das Land" versöhnliche Töne in der (pop)feministischen Bewegung auftauchten. „Neue Männer braucht das Land" – dieser Spruch wirkte doch schon einladender als „Auch hier wohnt ein Frauenfeind!" Neue Männer wollten wir gerne sein, mit den Politmackern der 68er-Generation, an denen sich die Frauen oft aus gutem Grund abarbeiteten, wollten wir nichts zu tun haben. Das Ergebnis war der „Softie" – sicher schon damals ein Medienklischee, mit dem Patriarchatskritik und abweichendes Männerverhalten diffamiert wurde. Aber es gab ja tatsächlich dieses androgyne, betont vorsichtige, Konturen verwischende Verhalten: Männer, die dauernd „freundschaftlich" umarmten und viel redeten, aber eigentümlich zurückhaltend blieben, wenn es um Erotik, Flirten oder gar um die aktive Realisierung sexueller Wünsche ging.

Zwar registrierten wir bald, dass zu viel Weichheit und Unbestimmtheit bei unseren persönlichen Kontakten zu Frauen gar nicht so gut ankamen. Zumindest heterosexuell orientierte Feministinnen ließen sich von Anti-Atom-Aktivisten in ihrem archaischem Kämpferoutfit – übrigens auch eine Form hegemonialer Männlichkeit! – durchaus ins Bett locken. Der „starke Mann" in schwarzer Lederjacke hatte gute Chancen auf dem Beziehungsparkett. Der Softie stand eher für die Hippie-Tradition und eine in der Sackgasse gelandeten Identitätsverwirrung; er entwickelte sich zur tragikomischen Figur. „Der durch jahrhundertelange Einschleifung produzierte Überlegenheitstypus wird auch von emanzipierten Frauen weiterhin sexuell favorisiert", klagte Helmut Rödner in seinem Buch „Männergruppen" schon 1976: „Zu dem Typus des ‚neuen Mannes' gewinnt sie dagegen in der Regel ‚nur' ein geschwisterliches Verhältnis, das sehr schön und wichtig sein kann, den Mann aber auf Dauer frustriert" (S. 49).

T. Gesterkamp, *Jenseits von Feminismus und Antifeminismus,* essentials,
DOI 10.1007/978-3-658-04363-6_3, © Springer Fachmedien Wiesbaden 2014

Nicht nur im Privaten, auch im öffentlich-politischen Diskurs nahmen sich „bewegte" Männer in bemerkenswerter Weise zurück. Symptomatisch dafür war ein Satz, der ab Mitte der 1980er-Jahre jeden Band der (lesenswerten!) Reihe „rororo mann" einleitete. Das Zitat aus dem Buch „Der Untergang des Mannes" des damals viel gelesenen Autors Pilgrim (1973) lautete: „Der Mann ist sozial und sexuell ein Idiot". Punkt, ganz ohne Fragezeichen! Das demütige Motto war schon damals ein unangemessener Kotau, ein verbaler Kniefall der „antisexistischen" Männer vor der Frauenbewegung. Mit ihm sprachen die „Profeministen" sich selbst (und all ihren Geschlechtsgenossen) wichtige menschliche Eigenschaften wie Fürsorglichkeit und Beziehungskompetenz kurzerhand ab.

Zugegeben, nach dieser fragwürdigen Einleitung folgten viele kluge Gedanken, und der Rowohlt Verlag hat sich um die Anfänge der Männerbewegung in Deutschland unzweifelhaft verdient gemacht. Die ersten deutschen Männerbücher überhaupt sind hier erschienen, wenn auch mit manchmal seltsamen Titeln wie „Das Elend der Männlichkeit" (Vinnai 1977) oder eben „Der Untergang des Mannes". Im Jahr 1990, die Reihe hieß schon nicht mehr „rororo mann" und auch der idiotische Motto-Spruch war gestrichen, haben Dieter Schnack und Rainer Neutzling im selben Verlag „Kleine Helden in Not" veröffentlicht – „Jungen auf der Suche nach Männlichkeit" war der Untertitel.

Der Klappentext dieses wegweisenden Buches hob sich wohltuend ab von der Selbstbezichtigung früherer Zeiten. „Die Frauenbewegung löste sinnvolle und konstruktive Diskussionen über die Erziehung von Mädchen aus. Allerdings wurde bei all den Bemühungen, Benachteiligungen von Mädchen abzubauen, stillschweigend angenommen, den Jungen ginge es gut, sie wüchsen in Freiheit und Zufriedenheit auf. Die Autoren zeigen, dass das nicht der Fall ist. Die Ergebnisse ihrer Arbeit verlangen nach einem neuen, positiven Konzept der Jungenerziehung" Das formulierte erste Ansatzpunkte für eine selbstbewusste und eigenständige Männerpolitik: die Initiativen und Errungenschaften der Frauenbewegung würdigen und positiv bewerten, aber zugleich deutlich machen, dass ein „Blickwechsel", wie ihn später die Geschlechterforscherin Janshen (2000, S. 11) forderte, notwendig und anregend für beide Seiten ist.

Zielgruppe Männer 4

Die beschriebene Abschottung zwischen den Geschlechtern gehört längst der Vergangenheit an. „In den 1970er-Jahren hatten die Feministinnen in ihren Diskursen ‚die Männer' einerseits als geschlossene herrschende Geschlechtergruppe beschrieben und sie andererseits doch zu individuellen Veränderungen und zur Unterstützung aufgerufen", resümiert Ilse Lenz in ihrem historischen Standardwerk (2009, S. 1077): „Die paradoxe Konstellation zwischen Frauenbewegungen und emanzipativen Männern lockerte sich ab Mitte der 1980er-Jahre auf" Neue persönliche und politische Erfahrungen, so Lenz, hätten dazu beigetragen, das negativ gefärbte „Kollektivbild des Mannes" aufzuheben.

Als ich Mitte der 1990er-Jahre anfing, über geschlechterpolitische Fragen öffentlich zu diskutieren, war diese Veränderung bereits deutlich spürbar. Seither habe ich viele spannende Debatten zwischen Frauen und Männern erlebt, die mich für die Zukunft optimistisch stimmen. Immer wieder war ich auf Veranstaltungen auch zu Gast bei Frauen- oder Gleichstellungsbeauftragten. In manchen Unternehmen und Institutionen ist das bis heute die einzige Möglichkeit, mit meinen Anliegen an den Kern der (männlichen) Zielgruppen heranzukommen. Das macht deutlich, wie wichtig eine eigenständige Männerpolitik ist – und dass diese in vielen Kontexten immer noch fehlt.

Meine Erfahrungen in solchen von Frauen angeregten und geprägten Settings sind unterschiedlich: Mal schlägt mir die kühle und schweigsame Abwehr meiner Geschlechtsgenossen entgegen – etwa, wenn ich unter Führungskräften eines großen Konzerns propagiere, weniger zu arbeiten und das „gute Leben" jenseits der traditionellen Karriere nicht aus den Augen zu verlieren. Ich erlebe umgekehrt Vorträge etwa zum Thema „Väter", wo die einladende Gleichstellungsbeauftragte von der hohen Zahl der männlichen Besucher vollkommen überrascht ist: So viele Männer habe sie noch nie im öffentlichen Raum über Gefühle und persönliche Probleme reden hören. Das ist eine neue Qualität der Debatte, die nur entstehen

T. Gesterkamp, *Jenseits von Feminismus und Antifeminismus*, essentials,
DOI 10.1007/978-3-658-04363-6_4, © Springer Fachmedien Wiesbaden 2014

kann, wenn die Geschlechter sich nicht in Nischen separieren, sondern gemeinsam emanzipatorische Perspektiven entwickeln.

Für Männer ist es sehr wichtig, dass ihnen andere Männer abweichende, aber dennoch selbstbewusste Formen von Männlichkeit vorleben. Bei Recherchen in Betrieben habe ich festgestellt, dass es zum Beispiel unbedingt männlicher Teilzeitpioniere bedarf, um ein anderes Arbeitsmuster unter Männern akzeptanzfähig zu machen. Gerade weil althergebrachte Aufgaben wie die des Familienernährers nicht mehr so einfach zu erfüllen sind, werden männliche Rollenexperimente umso heftiger lächerlich gemacht. Hier zeigt sich der „Humor" dann von seiner Herrschaft stabilisierenden Seite.

In den letzten zwanzig Jahren hat eine Art kulturelle Umdeutung des Mannes stattgefunden. Überspitzt ausgedrückt wurde aus dem "geachteten Ernährer" vielfach der "verspottete Depp". Die These des Schweizer Männerforschers Walter Hollstein (2008, S. 154), der in diesem Zusammenhang gar eine allumfassende „Misandrie", also aggressiven Männerhass diagnostiziert, halte ich allerdings für übertrieben – eher handelt es sich um die Retourkutsche zum Blondinenwitz. Eine zentrale Rolle haben dabei Werbung und Unterhaltungsindustrie gespielt – mit Filmen wie „Der bewegte Mann" oder scheinemanzipierten Romanen wie „Das Superweib" oder „Beim nächsten Mann wird alles anders". Beliebte Figuren in der Comedien-Szene waren der „Frauenversteher", der „Sitzpinkler" oder auch das „Weichei". Die sexuelle Denunziation von Männern, an der sich auch Frauen mit Vergnügen beteiligt haben, hat den Höhepunkt ihrer Beliebtheit allerdings überschritten. Sie wird nur noch bei Auftritten des Komikers Mario Barth in lachenden Sporthallen zelebriert.

Markt der Eitelkeiten 5

In englischen Medien machten um die Jahrtausendwende die so genannten „Lads" Furore – frei übersetzt die „jungen Burschen". Prollige Fernsehshows und neu konzeptionierte Herrenmagazine betrieben einen fröhlichen Kult um Saufen, Sport und Sex. Jenseits des Jammerns versuchten Männer, als selbstbewusste Puffbesucher oder trinkende Fußballfans verloren gegangenes Terrain zurückzugewinnen. Denn nicht nur in den Unternehmen, wo der Pakt der alten Arbeitsgesellschaft mit den Männern längst aufgekündigt wurde, auch im Privatleben kann Mann heute keine bedingungslose Loyalität mehr erwarten – wenn er etwa den weiblichen Ansprüchen an Versorgung und Vorzeigbarkeit nicht genügt. Schlecht qualifizierte Männer ohne Job leben seltener in festen Beziehungen. Auch der Heiratsmarkt funktioniert eben wie ein Markt (vgl. Gesterkamp 2007).

Außer in politischen Krisengebieten gibt es keine Welt mehr zu kontrollieren, keine Familie mehr zu schützen. „Frauen und Kinder zuerst" – die alte Gentleman-Devise, die beim Untergang der Titanic irischen Putzfrauen höhere Überlebenschancen garantierte als englischen Adligen, wirkt heute wie das Relikt eines gönnerhaften Paternalismus, dem längst die Grundlagen entzogen sind. Die einst gefeierten „wilden Kerle" der Schwerindustrie sind die Hauptverlierer des Wandels zur Dienstleistungsökonomie. Die westlichen Gesellschaften, so hat es der amerikanische Männerautor Keen 1992 formuliert, werden „von Stadtbewohnern männlichen Geschlechts mit sitzender Lebensweise regiert". Das Machtsymbol dieser hegemonialen Männlichkeit ist der Stuhl; nicht umsonst leitet der „Chairman" die Sitzungen. Muskeln dagegen zahlen sich nicht mehr aus in einer Umgebung, in der immer weniger Bau-, Stahl- oder Bergarbeiter gebraucht werden. Mit Ausnahme von Sportlern, deren Körper zur Unterhaltung abgerichtet werden, kommen Männer nicht mehr aufgrund von Bewegung voran.

Die Männerpresse, für die nicht mehr der verstaubte „Playboy", sondern eher „Men's health" steht, will das angeschlagene Selbstbewusstsein ihrer Leser stärken. Nichts spricht dagegen, mit Gesundheitstipps den (für Männer alles andere

T. Gesterkamp, *Jenseits von Feminismus und Antifeminismus*, essentials, DOI 10.1007/978-3-658-04363-6_5, © Springer Fachmedien Wiesbaden 2014

als selbstverständlichen) bewussten Umgang mit dem eigenen Körper zu fördern. Doch sogar im Kraftraum geht es noch darum, am Arbeitsplatz besser zu funktionieren. Der Chairman braucht ja keinen Waschbrettbauch, um Sitzungen zu leiten. Die Devise heißt: Fit for fun, fit for job! Leistungssport im Privaten und Leistungssteigerung im Beruf gehören zusammen: Nur wer seine körperlichen Kraftreserven pflegt und mobilisieren kann, fördert auch seine Karriere, lautet die Botschaft.

Die amerikanische Feministin Susan Faludi vertritt die These, dass Männer sich heute ebenso wie Frauen „auf dem Markt der Eitelkeiten" behaupten müssen. In einem ihrer Bücher (2001) hat sie ein „betrogenes Geschlecht" beschrieben, das sich nicht mehr zurecht findet in der „Kampfarena des Ornamentalen", in einer Welt des schönen Scheins, in der sich nun auch Männer durch ihren Körper beweisen sollen. Äußerliche Merkmale der Attraktion haben schon deshalb an Gewicht gewonnen, weil sich gut verdienende Frauen mit Einladungen zum Essen oder teuren Autos kaum noch beeindrucken lassen. Bedeutsam ist der eigene „Body" gerade für Männer, die sich die Protzerei mit materiellen Reichtum nicht leisten können. Umso wichtiger wird es, kraftvolle Virilität zu demonstrieren, sich zumindest in der Erotik und Sexualität überlegen zu fühlen und von anderen männlichen Lebensstilen abzugrenzen.

Erotik des Bandscheibenschadens

Weicheier und Warmduscher haben nach dieser Lesart vor allem ein Problem: ihre „schwindende Machterotik". Da kommt beim schuftenden Teil der männlichen Bevölkerung dann wirklich Freude auf. Die Machterotik des Bandscheibenschadens, der Wortlosigkeit und der vier Flaschen Bier am Abend; der erotische Kick, der sich beim Heimkommen, Krimigucken und Müdewerden aufbaut; die knisternde Spannung der privaten Randständigkeit, der Überstunden und der Wampe, all das erfährt seine fröhliche Umdeutung: Ich bin ein ganzer Kerl und keiner dieser „neuen Männer"!

Es braucht Stärke und Selbstbewusstsein, nicht der Mainstream-Männlichkeit zu folgen. Wie riskant ist es, traditionelle männliche Selbstverständnisse in Frage zu stellen? In der Erwerbswelt prägt Angst vor dem gesellschaftlichen Abstieg die Stimmung bis tief in die Mittelschicht hinein. Die „reformierte" deutsche Sozialgesetzgebung mit ihrer Drohung, nach einem Jahr Arbeitslosigkeit sofort auf „Grundsicherungs"-Niveau abzurutschen und sich in finanziellen wie privaten Dingen offenbaren zu müssen, hat diese Tendenz verschärft. Zumindest ein Teil der Männer erfährt, was für Frauen schon immer der Normalfall war: unterbrochene Erwerbsverläufe, prekäre Beschäftigung, eine „Patchwork"-Biografie, das bunte Flickwerk aus befristeten Arbeitsverträgen, Teilzeit und Phasen eines freiwilligen oder auch erzwungenen Totalausstiegs.

Parallel dazu agieren weiterhin die Macht-Männer, die Unternehmer-Spekulierer, die Eroberer von globalen Märkten – also Männer-Typen an der Spitze der betrieblichen Hierarchien, für die ein bestimmter Habitus charakteristisch ist. Dessen wichtigste Merkmale sind: ständige Bereitschaft und Verfügbarkeit, auch abends, am Wochenende oder im Urlaub; selbstverständliche Mehrarbeit über die tariflich festgelegte Zeit hinaus ohne zusätzliche Entlohnung; absolute Priorität für berufliche Ziele. Private Wünsche oder Verpflichtungen sind nachrangig. Sie werden delegiert an (Ehe)Partnerinnen oder bezahlte, meist ebenfalls weibliche Bedienstete.

T. Gesterkamp, *Jenseits von Feminismus und Antifeminismus*, essentials,   11
DOI 10.1007/978-3-658-04363-6_6, © Springer Fachmedien Wiesbaden 2014

Nicht nur Spitzenmanager, auch viele ganz normale Beschäftigte müssen dem beschriebenen Verhaltenskodex folgen. Sie sind zum Beispiel konfrontiert mit Vorgesetzten, die ich in meinem Buch über „Neue Väter zwischen Kind und Karriere" (2010a, S. 57) als „Dinosaurier-Dads" charakterisiert habe: Ältere Männer in Führungspositionen, die selbst „eine Frau zu Hause" haben und am Arbeitsplatz wenig Zugeständnisse oder Rücksichtnahme auf Familien- oder Freizeitinteressen ihrer Untergebenen zulassen. Oder Abteilungsleiter, die die Wünsche von Männern nach Elternpause oder kürzeren Arbeitszeiten mit vorgeschobenen Argumenten abweisen. Es ist schwer, dagegen zu halten: Viele Männer fürchten, ihre Position zu verlieren, wenn sie das Pensum reduzieren oder in Karenz gehen. Nur wenige trauen sich zu sagen: Zur Sitzung um 17 Uhr komme ich nicht, ich gehe dann nämlich mein Kind abholen! Die meisten treffen eine persönlich oft schmerzende, aber doch eindeutige Entscheidung zugunsten ihres Berufs. Die Zaungastrolle in der Familie nehmen sie dafür in Kauf.

Nicht mit Vorwürfen beginnen 7

Wie kann man im Sinne eines Gender-Dialogs mit solchen scheinbar „unbeweglichen" Männern ins Gespräch kommen? Sicher nicht, in dem man erstmal den Grundsatz postuliert, dass sie alle „soziale Idioten" sind – oder sie, wie es etwa das österreichische Autorinnenpaar Cheryl Benard und Edit Schlaffer tat, mit süffisantem Unterton („Viel erlebt, nichts begriffen", 1986) als lernunfähige und potenziell gefährliche Wesen schildert. Erreichen kann man Männer nur, wenn man nicht mit Vorwürfen und Beleidigungen beginnt. Auch Vollzeit arbeitende Väter können gute Väter sein! Und entgegen der von manchen Feministinnen vertretenen These vom „faulen Geschlecht" (Pinl 1994) ist die männliche Erwerbsarbeit eben auch eine Form der Familienarbeit: Die brüchig gewordene Ernährerrolle kann in diesem Sinne als eine männliche Form der Sorge interpretiert werden.

Schon die britische Autorin Rosalind Coward weist in ihrem Buch „Unsere trügerischen Herzen" (1994) auf die weibliche Beteiligung, ja Komplizenschaft an traditionellen Lebensentwürfen hin. Die deutsche Journalistin Bascha Mika hat diese alte These mit dem medientauglichen Label „Die Feigheit der Frauen" (2011) versehen. Ich teile Mikas Einschätzung in ihrer wenig differenzierten Schlichtheit nicht. Was aber stimmt: Die männliche Haupternährerrolle ist keine perfide Geheimverschwörung männlicher Workaholics, sondern ein gemeinsam getroffenes Arrangement zwischen Männern und Frauen. So manche Mutter und Tochter träumen weiter vom Märchenprinzen, der viel Geld verdient – nur muss er jetzt auch noch früh zu Hause sein, schon eingekauft haben und sich sofort um die Kinder kümmern.

Väter, die sich in ihrer Familie engagieren, sollten einer übertriebenen weiblichen Definitionsmacht im Haushalt und bei der Erziehung widersprechen und ihren eigenen Weg gehen. Wenn Mama nach getaner Berufsarbeit einen schreienden Säugling vorfindet, muss das keineswegs an väterlicher Inkompetenz liegen.

T. Gesterkamp, *Jenseits von Feminismus und Antifeminismus*, essentials,
DOI 10.1007/978-3-658-04363-6_7, © Springer Fachmedien Wiesbaden 2014

Vielleicht ist das Baby krank oder einfach nur müde. Familien brauchen sich auch nicht jede Woche einen kompletten Hausputz zumuten. Sie können die meiste Wäsche mit 40 Grad waschen und auf das Bügeln von T-Shirts und Unterhosen ganz verzichten – auch wenn Oma das früher vielleicht anders gemacht hat.

Weibliche Ungeduld 8

Nicht nur im privaten, auch im öffentlichen Gender-Dialog sind Frauen manchmal ungeduldig mit Männern. Es fällt ihnen schwer, Beiträgen männlicher Wissenschaftler mit Offenheit und Interesse zuzuhören. Die Männerforscher Döge und Volz haben in ihrer Studie „Weder Pascha noch Nestflüchter" (2006) anhand von Daten aus dem soziologischen Panel untersucht, wie Männer ihre Zeit verwenden. Daraus ergab sich eine Kontroverse mit feministischen Kolleginnen, die sich im Kern um die Frage drehte: Was ist Hausarbeit? Die Frauenforscherinnen hatten nämlich, so banal ist das manchmal, Tätigkeiten wie Steuererklärung, Autowartung oder Kleinreparaturen in der Wohnung einfach nicht dazugerechnet. Diese Tätigkeiten sind aber, den Klischees zum Trotz, überwiegend keine männliche Selbstverwirklichung im Hobbykeller. Es geht etwa darum, dass das Fahrzeug läuft, mit dem die Kinder aus der Kita abgeholt oder Besorgungen gemacht werden. Selbstverständlich ist das auch Familienarbeit! Und abgestandene Lieblingszitate wie die „verbale Aufgeschlossenheit bei weitgehender Verhaltensstarre" oder die ebenso gern bemühte männliche „Scheu vor dem feuchten Textil" beschreiben die meisten Paarkonstellationen einfach nicht korrekt.

Ein anderes Beispiel: Ich habe immer wieder erlebt, dass Frauen die Zahl der Männer in Elternzeit herunterspielen, um das Thema „Neue Väter" zu diskreditieren oder gar zur „Vater Morgana" zu erklären. Wenn ich über die zuerst in Schweden eingeführten „Papamonate" spreche, die es inzwischen auch in Deutschland gibt, kamen skeptische Zwischenrufe wie „Elchjagd" oder „Fußballweltmeisterschaft". Die wollten darauf hinweisen, dass die skandinavischen Männer statistisch betrachtet oft im Sommer ihre Väterzeit nehmen. Was aber ist dagegen zu sagen? Wenn Männer glauben, sich mehr als ein paar Monate berufliche Auszeit nicht leisten zu können, warum sollten sie diese Pause dann im Januar bei Schnee und Eis machen? Und kann es nicht durchaus engagierte Väterlichkeit sein, mit seinem Sohn oder auch seiner Tochter zusammen ein Fußballspiel anzuschauen?

T. Gesterkamp, *Jenseits von Feminismus und Antifeminismus*, essentials, DOI 10.1007/978-3-658-04363-6_8, © Springer Fachmedien Wiesbaden 2014

In Deutschland ist der Anteil der Männer in Elternzeit seit der Einführung der Vätermonate als Lohnersatzleistung übrigens stark gewachsen: von 3,5 % im Jahre 2007 auf mittlerweile um die 30 %. Dieser rasante Anstieg lässt sich sehr unterschiedlich kommentieren: So, wie es manche Zeitungen (und auch einige wissenschaftliche Beobachterinnen) gemacht haben, mit dem Tenor: „Das sind doch Mitnahmeeffekte, die nehmen eh nur zwei Monate!". So wird das alte Klischee „Männer sind immer noch die faulen Säcke!" aufgewärmt. Frau könnte aber auch genauer hinsehen und anerkennend feststellen, dass es sich nahezu um eine Verzehnfachung in einem relativ kurzen Zeitraum handelt. Es braucht also mehr (weibliche) Gelassenheit zu registrieren, dass es das Pflänzchen männlicher Rollenveränderung gibt: ein Gewächs, das gebe ich zu, das noch der sorgfältigen Pflege bedarf, das Männer und Frauen gemeinsam gießen sollten, das aber inzwischen groß genug zum Umtopfen oder gar für den Garten geeignet ist.

Aus Opfererfahrung wird Politik

Die Haltung in Teilen der Frauenbewegung, die „Männer in Bewegung" abzuwerten und männliche Nachteile in bestimmten Lebensbereichen zu leugnen, provoziert Gegenreaktionen und hat möglicherweise auch zum Auftauchen und Erstarken antifeministischer Männerrechtler beigetragen. Vor allem in privat oder beruflich deklassierten Milieus, etwa unter Trennungsvätern oder „Quotengeschädigten", werden persönliche männliche Opfererfahrungen politisiert und manchmal zu regelrechten Verschwörungstheorien ausgebaut. Da steht dann ein geschlechterpolitisch unverdächtiges Geldinstitut wie die Zürcher Kantonalbank, die der Schweizer „Interessengemeinschaft Antifeminismus" wegen ihres wüsten Konfrontationskurses kein Konto einrichten wollte, gleich „unter feministischer Kontrolle".

Männerrechtler melden sich vor allem im Internet zu Wort. Ihre Kernthese lautet: Die Gleichstellung der Geschlechter sei erreicht, die Emanzipation beendet, es müsse Schluss sein mit der „organisierten Besserstellung" der Frau. Rechtskonservative Publikationen wie die Wochenzeitung Junge Freiheit benennen als Sündenbock eine „Kaste der Genderfunktionäre", deren kulturelle Hegemonie jeden Widerspruch unterdrücke. Mit der Wirklichkeit hat das wenig zu tun. Wichtige Leitmedien wie Der Spiegel oder die Frankfurter Allgemeine Zeitung bieten maskulinistischen Thesen seit Jahren ein Forum, und auch im öffentlichen Raum finden sich immer häufiger Bühnen.

Magazine wie das Wochenblatt Focus schreiben mit regelmäßigen Berichten über das „geschwächte Geschlecht" eine „neue Bürgerrechtsbewegung" geradezu herbei (Klonovsky 2008, S. 126). Doch die in Printmedien erscheinenden Texte nehmen die meisten Aktivisten ohnehin nur als Spuren im Netz wahr. Antifeministen verbringen viel Zeit in virtuellen Diskussionsforen, manche betreiben auch eigene Blogs. Onlineauftritte wie wgvdl („Wieviel Gleichberechtigung verträgt das Land?") stilisieren Männer zu Diskriminierten in allen Lebenslagen. Der Tonfall schwankt zwischen beleidigtem „Da seht ihr's mal wieder" und offener verbaler

Aggression. Andersdenkende gelten als „lila Pudel", die bei der eigenen „Kastration" assistieren. Ein Blogger träumt davon, die „Genderisten wegen Geschlechterverhetzung im Kerker verrotten zu lassen"; ein Anderer droht den „Feministinnen und ihren Drohnen" gar mit einer „Wiederauflage der Nürnberger Prozesse".

Kampf um die Deutungshoheit

Der „ausufernde Gouvernanten- und Umerziehungsstaat", so heißt es in der Jungen Freiheit, bevorzuge einseitig die Frauen. „Freiheit statt Feminismus!" fordert das Blatt und prangert „Denkverbote" an (Paulwitz 2008, S. 1). Rechtskonservative Meinungsmacher sonnen sich darin, die „Political correctness" zu missachten und als vorgestrig zu bekämpfen. Hervor tun sich dabei gewendete Intellektuelle mit linker Vergangenheit, die „die 68er" für vermeintliche „Tabus" verantwortlich machen. Männerrechtler versuchen, emanzipatorische Begriffe wie „Befreiung" oder „Geschlechterdemokratie" anders zu definieren; sie präsentierten sich als Bewahrer zivilgesellschaftlicher Werte. So trägt der Online-Auftritt freiewelt. net den harmlosen und irreführenden Untertitel „Die Internet- & Blogzeitung für die Zivilgesellschaft". Eine weitere Publikation nennt sich eigentümlich frei; die Autoren betrachten sich als Libertäre, sprachlich wie personell aber gibt es Verbindungen zur Jungen Freiheit.

Ein anderes Argumentationsmuster sind Biologismen, die sich der populären These „Männer sind vom Mars, Frauen von der Venus" bedienen. Ausgesuchte Hinweise auf Hirnforschung oder Verhaltensbiologie untermauern fragwürdige Behauptungen zur Geschlechterdifferenz. Männer können nicht zuhören und Frauen nicht einparken: So entstehen klar strukturierte, angeblich „natürliche" Rollenstereotypen, die nicht der realen Vielfalt entsprechen. Den Befürwortern der gleichstellungspolitischen Strategie des Gender Mainstreaming wird im Gegenzug vorgehalten, eine „anthropologische Neutralisierung" anzustreben und die Fakten der Biologie zu leugnen.

Eine weitere Denkfigur ist der Anti-Etatismus. Männerrechtler wenden sich gegen Bevormundung und „Umerziehung" durch öffentliche Institutionen, die sich angeblich zu sehr in die Aufgabenteilung zwischen Mann und Frau einmischen. Hier treffen sie sich mit christlichen Fundamentalisten, die wegen des Ausbaus der

T. Gesterkamp, *Jenseits von Feminismus und Antifeminismus*, essentials,
DOI 10.1007/978-3-658-04363-6_10, © Springer Fachmedien Wiesbaden 2014

Krippenbetreuung vor „staatlicher Herrschaft über die Kinderbetten" warnen. Organisatorisch haben diese beiden Strömungen wenig miteinander zu tun; gemeinsam ist ihnen das Schüren von Ressentiments gegen den Staat (vgl. ausführlicher Gesterkamp 2010b; Rosenbrock 2012).

11

Was bedeutet das Aufkommen einer sich „freiheitlich" gebenden, im Gedankengut aber eher rechtskonservativen „Männerrechtsbewegung" für die Zukunft von Männerpolitik? Progressive und rückwärts gewandte Strömungen existieren unter „Männerbewegten" von jeher nebeneinander. Auseinandersetzungen über traditionelle und moderne Selbstverständnisse hat es immer wieder gegeben.

Die Parallelen reichen weit zurück. Schon zu Beginn des 20. Jahrhunderts und später auch in der Weimarer Republik meldeten sich in Deutschland Antifeministen zu Wort. 1912 bildeten sie mit dem „Bund zur Bekämpfung der Frauenemanzipation" erstmals eine eigene Organisation. Diese gründete sich nicht zufällig am Vorabend des Ersten Weltkriegs, in den viele Rekruten auch deshalb begeistert zogen, weil sie sich davon eine unhinterfragte Wiederherstellung männlich-hegemonialer Werte versprachen. „Von der fortbestehenden faktischen Diskriminierung der Frauen wenig irritiert, imaginierten viele Männer einen Machtantritt der Frauen", schreibt Claudia Bruns: „Das antifeministische Ressentiment gehörte zum guten Ton im nationalkonservativen und völkischen politischen Spektrum der Gesellschaft. Sein zentrales Motto lautete ‚Dem Mann der Staat, der Frau die Familie'" (2004, S. 53).

Knapp zwanzig Jahre später verlangte Heinrich Berl in einem „antifeministischen Manifest", dass sich eine Männerbewegung konstituieren müsse. Der „allgemeine Feminismus" führe zur „decadence der Kultur". Die Männerbewegung habe „den Auftrag, all das wieder zur Ruhe zu bringen, was sich heute bewegt und insofern erst die eigentliche und wesentliche Bewegung zu schaffen, die immer des Mannes war und sein wird", formulierte Berl (1931, S. 43) kurz vor der Machtübernahme der Nationalsozialisten. Sein Manifest blieb allerdings ein Einzelphänomen; die geforderte Bewegung blieb aus, jedenfalls unter dezidiert geschlechterpolitischen Vorzeichen (vgl. Kemper 2011, S. 19).

In der „Männergruppenszene" (Brzoska und Hafner 1987), die sich als Reaktion auf die „zweite Welle" der Frauenbewegung etablierte, war und ist kein einheitlicher

T. Gesterkamp, *Jenseits von Feminismus und Antifeminismus*, essentials,
DOI 10.1007/978-3-658-04363-6_11, © Springer Fachmedien Wiesbaden 2014

Kurs erkennbar. Auf der einen Seite „argumentieren dekonstruktivistische, identitätskritische Ideen mit der Behauptung, ‚Männliches‘ (wie ‚Weibliches‘) sei und werde ausschließlich kulturspezifisch organisiert“, skizzierte Alexander Bentheim in der männerpolitischen Fachzeitschrift Switchboard die zentrale Kontroverse der jüngeren Zeit. Andererseits werde „nicht zuletzt aufgrund neuerer Forschungen in Biologie und Genetik einer Renaissance des bipolaren Geschlechterdeterminismus das Wort geredet“. Konflikte darüber, ob Männer weiterhin privilegiert oder inzwischen strukturell benachteiligt sind, seien vor diesem Hintergrund „vorprogrammiert“ (2009, S. 4).

2009 kündigte die Bundesregierung im Koalitionsvertrag von Christdemokraten und Liberalen erstmals eine „eigenständige Jungen- und Männerpolitik" an. Im Familienministerium wurde daraufhin das Referat „Gleichstellungspolitik für Jungen und Männer" gebildet – zunächst mit dem vorrangigen Ziel, mehr männliche Erzieher in die Kindertagesstätten zu locken und jungen Männern Chancen in pädagogischen und pflegerischen Berufen aufzuzeigen. An der einseitigen Bezeichnung des Ministeriums, das nur das Wort „Frauen", nicht aber das Wort „Männer" im Namen führt, änderte sich allerdings nichts.

Abgesehen von dem ausgelagerten Projekt „Neue Wege für Jungs" hatte es unter den Vorgängerregierungen keine männerpolitischen Akzente gegeben. Die einzigen parlamentarischen Anfragen zum Thema Männer und Jungen stellten die CDU-Fraktion 2004 und die FDP-Fraktion 2008. Beiden Initiativen lag allerdings keine geschlechterpolitische oder gar männerpolitische Motivation zu Grunde. Sie wurden vielmehr ausgelöst durch alarmistische Interventionen von Unternehmern, die sich Sorgen um das niedrige Qualifikationsniveau von Jungen als Schulabgänger machten. Es drohe ein vorwiegend „männliches Proletariat", hatte der Deutsche Industrie- und Handelskammertag gewarnt. Ähnlich argumentierte ein Gutachten des Aktionsrates Bildung im Auftrag der Vereinigung der Bayerischen Wirtschaft.

Haben die damaligen Oppositionsparteien im deutschen Bundestag das Thema verschlafen? Die wenigen interessierten Parlamentarier verweisen auf die Erfahrungen in Österreich, wo eine schwarzbraune Regierung 2001 auf Betreiben der rechtspopulistischen FPÖ und gegen den massiven Widerstand von Frauenverbänden eine Männerpolitische Grundsatzabteilung installierte. Einige (nicht alle) der Publikationen, die die finanziell gut ausgestatteten „Männerpolitiker" der Alpenrepublik seither in hohen Auflagen verbreiteten, hatten eine sehr konservative oder gar antifeministische Schlagseite.

Die Idee, männerpolitische Ziele in Institutionen zu verankern, wird nicht falsch dadurch, dass sie ein politischer Gegner funktionalisiert oder mangelhaft

T. Gesterkamp, *Jenseits von Feminismus und Antifeminismus*, essentials, DOI 10.1007/978-3-658-04363-6_12, © Springer Fachmedien Wiesbaden 2014

in die Praxis umsetzt. Es kommt auf Deutungen, Gewichtungen und die Wahl der Kooperationspartner an. In Wien wurde das Männerthema vollkommen isoliert von der Frauenpolitik im Sozialministerium angesiedelt, institutionell also kein geschlechterpolitischer Dialog begonnen. In Berlin und Bonn ist das Männerreferat integriert in die Abteilung Gleichstellung im Familienministerium. So bieten sich grundsätzlich bessere Voraussetzungen für den Austausch zwischen den Akteuren und Akteurinnnen in der Geschlechterpolitik.

Dringend notwendig ist, zwischen Männern und Frauen das gängige Täter-Opfer-Schema zu überwinden und vorurteilsfrei auch die Nachteile männlicher Lebensentwürfe zu bearbeiten. Einige der von Männerrechtlern überspitzt skandalisierten Themen sind brisant, selbst wenn manche Feministinnen sie zu bagatellisieren versuchen. Besonders Jungen aus „bildungsfernen" Schichten haben Probleme in der Schule. Erst in jüngster Zeit kommt auch für Männer eine spezifische und vom Staat unterstützte Gesundheitsberichterstattung in Gang – angesichts der über fünf Jahre kürzeren Lebenserwartung des angeblich „starken Geschlechts" ist das überfällig. Trennung und Scheidung sind ein persönliches Drama, unter dem auch Väter leiden – gerade wenn sie ihre Kinder nur selten sehen dürfen. Dass Gewalt nicht nur von Männern ausgeht, sondern sich auch vielfach gegen sie richtet, war lange Zeit ein unterbelichtetes Forschungsfeld.

Als Reaktion auf das Männerreferat im Familienministerium gründete sich Ende 2010 das Bundesforum Männer als Pendant zum Deutschen Frauenrat. Neben kirchlichen Gruppen und Sozialverbänden sind auch Jungenarbeiter, Väterinitiativen und Wissenschaftler vertreten. Der Zusammenschluss versteht sich als Lobbygruppe, Beratungsinstanz und Sprachrohr. In den zehn Grundsätzen einer Plattform wird der „konstruktive Dialog zwischen den Geschlechtern" befürwortet. Männerthemen müssten in Ministerien und Behörden mehr Beachtung finden, fordert das Forum, das sich von antifeministischen Strömungen ausdrücklich distanziert hat.

Männerpolitik wird in der Gleichstellungsdebatte inzwischen zwar als eigenständiger Bereich postuliert. In vielen Praxisfeldern (und in der Förderpraxis der Europäischen Union) aber überwiegt immer noch ein Denken, das Gender-Fragen weitgehend mit Frauenpolitik gleichsetzt. Mitgemeint, aber nicht mitgenannt: Dass das Wort „Männer" in den Titeln der zuständigen Stellen, in den Bezeichnungen für Kommissionen oder Berichte nie auftaucht, ist keine Formalie. Darin drücken sich vielmehr, bei allem gutem Willen Einzelner, inhaltliche Nachrangigkeit und eine strukturelle Missachtung aus.

Förderprogramme für Jungen oder mehr Männerforschung an den Universitäten müssen nicht automatisch zu Lasten der nach wie vor notwendigen Frauenpolitik gehen. Eine genderdialogische Perspektive nimmt konfrontativen Männerrechtlern den Wind aus den Segeln. Der Gestus des Tabubrechers, der angebliche Denkverbote missachtet, wird ebenso erschwert wie das Umdeuten von Begriffen wie Befreiung, Zivilgesellschaft oder Geschlechterdemokratie. Seit sich die konsensorientierten Gruppen stärker öffentlich zu Wort melden, zeigt sich, dass die Antifeministen keineswegs die Mehrheit der „Männerbewegung" bilden und auch nicht die Ansätze staatlicher Männerpolitik prägen.

T. Gesterkamp, *Jenseits von Feminismus und Antifeminismus*, essentials, DOI 10.1007/978-3-658-04363-6_13, © Springer Fachmedien Wiesbaden 2014

Für Männer, aber nicht gegen Frauen

Der Rollenwandel von Frauen findet nicht im luftleeren Raum statt. In der Auseinandersetzung mit gesellschaftlichen Strukturen, aber auch in den individuellen Aushandlungsprozessen von privaten Beziehungen hängt er stets zusammen mit dem Rollenwandel von Männern. Frauenpolitische Appelle, die Männer als Defizitwesen betrachten und nur zum Verzicht auffordern, bleiben im alten Denken verhaftet. Ich will mich weder von Männern noch von Frauen zum „sozialen und sexuellen Idioten" erklären lassen, sondern plädiere für eine Männerpolitik jenseits von Feminismus und Antifeminismus: für eine Vertretung männlicher Perspektiven und Interessen, die sich nicht auf einen Appendix von Frauenpolitik und Frauenförderung reduzieren lässt. Die antifeministische „Männerrechtsbewegung" halte ich für einen Irrweg.

Für Männer, aber nicht gegen Frauen: Chancengleichheit und gleichberechtigte politische Strukturen können nur gemeinsam erreicht werden. Von Feministinnen fordere ich, männliche Sichtweisen und Erfahrungen nicht nur ernst zu nehmen, sondern auch Eigenständigkeit zuzulassen. Mit Selbstbewusstsein, aber im Geschlechterdialog liefern Männer ihren Beitrag zur Gleichstellungspolitik – und dürfen dabei durchaus „männerparteilich" sein.

T. Gesterkamp, *Jenseits von Feminismus und Antifeminismus*, essentials, 27
DOI 10.1007/978-3-658-04363-6_14, © Springer Fachmedien Wiesbaden 2014

Literatur

Benard, Cheryl, und Edit Schlaffer. 1986. *Viel erlebt und nichts begriffen – Die Männer und die Frauenbewegung*. Reinbek.

Bentheim, Alexander. 2009. Wohin des Wegs? *Switchboard, Zeitschrift für Männer und Jungenarbeit* 190:4 (Herbst/Winter).

Berl, Heinrich. 1931. *Die Männerbewegung – ein antifeministisches Manifest*. Karlsruhe.

Brandes, Holger. 2002. Vom «Fisch ohne Fahrrad» zum Tandem? Eine Standortbestimmung zu Männerpolitik und Geschlechterdemokratie. In *Der männliche Habitus*, Hrsg. Holger Brandes. Opladen.

Brzoska, Georg, und Gerhard Hafner. 1987. Männerfragen im Patriarchat. In *Gegenstimmen*, Hrsg. Jörg Ehrenfort und Herwarth Ernst. Reinbek

Bruns, Claudia. 2004. Zwischen Frauenbewegung und Antifeminismus – Das Fin de siècle im deutschen Kaiserreich. In *Politik des Eros – Der Männerbund in Wissenschaft, Politik und Jugendkultur*, Hrsg. Claudia Bruns. Köln.

Coward, Rosalind. 1994. *Unsere trügerischen Herzen*. München.

Döge, Peter, und Rainer Volz. 2006. *Weder Pascha noch Nestflüchter*. Opladen.

Faludi, Susan. 2001. *Männer – Das betrogene Geschlecht*. Reinbek.

Gesterkamp, Thomas. 2007. *Die Krise der Kerle. Männlicher Lebensstil und der Wandel der Arbeitsgesellschaft*. Berlin.

Gesterkamp, Thomas. 2010a. *Die neuen Väter zwischen Kind und Karriere*. Opladen.

Gesterkamp, Thomas. 2010b. *Geschlechterkampf von rechts – Wie Männerrechtler und Familienfundamentalisten sich gegen das Feindbild Feminismus radikalisieren*. Bonn.

Hollstein, Walter. 2008. *Was vom Manne übrig blieb – Krise und Zukunft des starken Geschlechts*. Berlin.

Janshen, Doris, Hrsg. 2000. *Blickwechsel – Der neue Dialog zwischen Frauen- und Männerforschung*. Frankfurt a. M.

Keen, Sam. 1992. *Feuer im Bauch*. Bergisch Gladbach.

Kemper, Andreas. 2011. *(R)echte Kerle – Zur Kumpanei der Männerrechtsbewegung*. Münster.

Klonovsky, Michael. 2008. Das geschwächte Geschlecht – Gegen die Benachteiligung und Abwertung von Männern formiert sich eine neue Bürgerrechtsbewegung. *Focus* 41.

Lenz, Ilse. 2009. Wie entdecken Männer ihr Geschlecht? In *Die neue Frauenbewegung in Deutschland – Abschied vom kleinen Unterschied*, Hrsg. Ilse Lenz. Wiesbaden.

Merian, Svende. 1983. *Der Tod des Märchenprinzen*. Reinbek.

Meulenbelt, Anja. 1978. *Die Scham ist vorbei*. München.

Mika, Bascha. 2011. *Die Feigheit der Frauen*. München.

T. Gesterkamp, *Jenseits von Feminismus und Antifeminismus*, essentials,
DOI 10.1007/978-3-658-04363-6, © Springer Fachmedien Wiesbaden 2014

Paulwitz, Michael. 2008. Freiheit statt Feminismus. *Junge Freiheit*, 5. Februar.

Pilgrim, Volker Elis. 1973. *Der Untergang des Mannes*. München.

Pinl, Claudia. 1994. *Das faule Geschlecht – Wie Männer es schaffen, Frauen für sich arbeiten zu lassen*. Frankfurt.

Plogstedt, Sibylle. 2006. *Frauenbetriebe – Vom Kollektiv zur Einzelunternehmerin*. Königstein.

Rödner, Helmut. 1976. *Männergruppen*. Berlin.

Rosenbrock, Hinrich. 2012. *Die antifeministische Männerrechtsbewegung – Denkweisen, Netzwerke und Online-Mobilisierung*. Berlin.

Schnack, Dieter, und Rainer Neutzling. 1990. *Kleine Helden in Not – Jungen auf der Suche nach Männlichkeit*. Reinbek.

Stefan, Verena. 1975. *Häutungen*. München.

Vinnai, Gerhard. 1977. *Das Elend der Männlichkeit*. Reinbek.